RACHAT

DE

LA RENTE 5 POUR 100

OU

SOLUTION DU PROBLÈME:

EN SIX ANS, SANS DÉPENSES NI RISQUES, DIMINUER LA DETTE PUBLIQUE D'UN CINQUIÈME ET CONSERVER INTACTS LES DROITS DES RENTIERS.

PAR

LE BARON MASSIAS,

ANCIEN CHARGÉ D'AFFAIRES DE FRANCE PRÈS LA COUR DE BADE, RÉSIDENT, CONSUL-GÉNÉRAL A DANTZIG.

PRIX: 1 FRANC.

A PARIS,

CHEZ DESREZ, LIBRAIRE, RUE NEUVE-DES-PETITS-CHAMPS, 30.

A STRASBOURG,

CHEZ DERIVAUX, LIBRAIRE, RUE DES HALLEBARDES, 23.

1838.

STRASBOURG, IMPRIMERIE DE G. SILBERMANN.

AVERTISSEMENT.

La petite brochure que nous donnons au public est la suite et l'application de celle que nous fîmes paraître en 1836, sur la *Consolidation de la Rente*[1]; l'une et l'autre dérivent du même principe, savoir, qu'en tout, et principalement en finances, ce qui est juste est ce qu'il y a de plus avantageux. Aucune habileté, aucune combinaison mystérieuse, aucune fantasmagorie de chiffres, aucun appel à la cupidité des joueurs à la rente n'équivaut à la simple probité du gouvernement.

Au reste, la discussion a dissipé une partie des illusions qui faisaient couler des fleuves d'or d'une opération injuste et aventurée. On sent qu'on n'est pas dans le vrai, et l'on veut sortir à tout prix d'une incertitude qui pèse sur les fonds publics. Quelque mitigée que soit la *réduction* à laquelle se détermineront MM. les députés, elle sera entachée d'injustice, et nous en appellerons à eux-mêmes, de plus en plus éclairés par les débats qui auront lieu à la chambre des pairs.

[1] Chez Dentu, libraire, galerie vitrée au Palais-Royal.

RACHAT
DE LA RENTE 5 POUR 100.

ARTICLE PREMIER.

Le Code civil déclarant que toute rente perpétuelle est rachetable, et la Charte autorisant l'expropriation forcée pour cause d'utilité publique, moyennant une indemnité préalable,

La rente 5 pour 100 sera rachetée ainsi qu'il suit:

ARTICLE 2.

Il sera délivré à chacun des porteurs d'une rente 5 pour 100, un titre nouveau donnant droit à 4 fr. de rente pour chaque 100 fr. de son ancien titre, et dont le capital sera remboursable le 1er janvier 1845, ou plus tard, si le gouvernement le juge convenable, à raison de 80 fr. pour chaque 4 fr.

ARTICLE 3.

Il lui sera en même temps délivré une seconde obligation de 1 fr. pour chaque 100 fr. de rente de son ancien titre, et dont le capital sera remboursable le 1er janvier 1845, ou plus tard, si le gouvernement le juge convenable, à raison de 20 fr. pour chaque franc; les deux titres ensemble représentant un capital de 100 fr. et une rente de 5 pour 100.

ARTICLE 4.

Le remboursement se fera en espèces ou en nouvelles obligations, au choix du porteur.

ARTICLE 5.

Si le rentier choisit d'être remboursé en espèces, il recevra 108 fr. au lieu de 100 fr., auxquels ses titres lui donnaient droit; ces 8 fr. représentant la plus value de 8 pour 100 qu'avait la rente, le jour où la commission de la chambre fit son rapport à la chambre des députés, et elle est la moyenne de l'excédant au-dessus du pair pendant les quinze années précédentes. (Voyez plus bas nos observations sur cet article.)

ARTICLE 6.

Les deux titres, l'un de 4 pour 80, l'autre de 1 pour 20, seront remboursables ensemble ou séparément.

ARTICLE 7.

Les nouvelles obligations des rentiers, qui auront préféré rester dans la rente, seront, comme les anciennes, négociables à la bourse et transmissibles à volonté.

ARTICLE 8.

L'époque du remboursement ne pourra, dans aucun cas, être prévenue, mais elle pourra être différée, si le gouvernement le juge convenable, en continuant à payer l'intérêt à 5 pour 100, comme pour les anciens titres.

ARTICLE 9.

Il sera établi un fonds de réserve pour racheter le nouveau 4 pour 100, s'il tombait au-dessous du pair.

ARTICLE 10.

Il ne pourra être mis aucun impôt sur la rente.

ARTICLE 11.

Toute nouvelle émission de rente portera la date du jour où elle sera remboursable.

ARTICLE 12.

Désormais l'État n'émettra plus d'obligations au-dessus de 4 pour 100.

Observations sur l'art. 1er.

Le *rachat* seul, ou *remboursement intégral,* est légitime. La *réduction*, la *conversion obligée,* le *remboursement incomplet*, sont des spoliations partielles. La discussion à la chambre des députés a démontré l'injustice, les dangers et l'hypocrisie de ces trois dernières mesures.

La proposition de M. Gouin, refaite par la commission et qui entre dans la plupart des plans qui ont été présentés, dégrève le présent de dix millions de rente, pour charger l'avenir d'une dette annuelle de vingt millions. Notre postérité n'aura pas lieu d'être reconnaissante de ce gage de souvenir.

L'action de *réduire, convertir, rembourser* incomplétement, n'est fondée sur aucun principe équitable et rationnel. De là cette confusion et ces inextricables discussions qui ont eu et qui auront lieu dans les débats parlementaires; il n'en peut sortir qu'une loi stérile ou inexécutable, et peut-être désastreuse.

Un homme honorable et entendu, emporté par sa ferveur de remboursement, a proclamé évidente la justice de cette mesure, qui retranche aux rentiers une portion de leur revenu et de leur capital; il a soutenu (je doute qu'il les ait consultés) qu'eux-mêmes en étaient convaincus; et, en dépit des discussions ardentes et contradictoires auxquelles il était mêlé, il a avancé que la justice de la réduction était une chose de NOTORIÉTÉ PUBLIQUE. Une notoriété bien plus incontestable est celle de l'effet produit sur toute la chambre des députés par le discours de M. de Lamartine, qui, en disant qu'il ne reviendrait pas sur l'injustice de cette funeste opération, en démontrait l'iniquité avec une si redoutable puissance d'éloquence, qu'il troublait la conscience des conversionnistes et changeait leurs sentiments, en les élevant jusqu'aux siens. La France entière a fait écho.

Observations sur les art. 2 et 3.

L'État n'étant débiteur que d'une rente n'est tenu de la racheter que par une rente équivalente. Il serait absurde de lui contester le droit d'échanger contre d'anciens titres des titres nouveaux non moins authentiques et ayant une valeur égale. Le but de cette mutation est de rendre plus facile le mode de rachat. L'époque du rachat reculée à 1845, ou plus tard, si le gouvernement le juge convenable, donne aux rentiers un temps suffisant, et au delà pour se consulter sur la disposition de leurs fonds.

Observations sur l'art. 4.

Les conversionnistes offrent aux rentiers des espèces qu'ils n'ont pas; et pour que ceux-ci les refusent, ils leur promettent, s'ils veulent entrer dans la nouvelle rente, un gain éventuel en dédommagement d'une partie de leur capital, dédommagement qu'ils leur refusent, s'ils s'obstinent à vouloir être remboursés en numéraire. Ici est la force qui, ayant honte d'elle-même, a recours à l'hypocrisie, et qui ne craint pas de façonner les rentiers aux jeux de la bourse, assez aveugles pour se mettre à leur discrétion, au hasard d'une effroyable catastrophe dans les finances, et du bouleversement de toutes les fortunes.

Observations sur l'art. 5.

Ce cinquième article, auquel nous prions le lecteur de donner toute son attention, est le pivot sur lequel roule notre projet. Pour que les dispositions qu'il renferme soient rigoureusement équitables, il faut:

1° Que, dans tous les cas, à quelque taux, bas ou élevé, que soit la rente, lorsque le gouvernement veut la racheter, les rentiers aient droit à un capital de 100 fr. pour 5 fr. de rente.

2° Que, dans le cas de hausse, lorsque le gouvernement veut racheter, ils aient droit au capital constitutif de 100 fr. et à ce qui excède le pair.

Pour rembourser intégralement un capital, il faut le connaître, et comment connaître celui auquel ont droit les rentiers, puisqu'il n'a pas été formellement stipulé d'avance? Sans nous étayer du nom de *cinq pour cent*, que porte la rente, ou de la fixation du pair à 100, nous dirons que la loi qui a établi le taux de l'intérêt à 5, par là même a déterminé le capital de toute rente, car on ne peut dire 5 pour 100, sans dire en même temps 100 pour 5, deux choses ne pouvant être en rapport plus identique. Au reste, c'est à ceprix que les conversionnistes entendent faire le remboursement.

La difficulté est plus grande, lorsqu'il s'agit de prouver que les rentiers, qui ne perdent rien de leur revenu par la baisse de la rente, sont en droit de profiter de la hausse. Il y a cependant dans cette disposition justice et raison. L'État s'étant engagé à payer une rente de 5 pour 100, ne peut, sous aucun prétexte, en payer une inférieure. Il l'a payée dans toute son intégrité, lorsque le capital ne valait guère mieux que le revenu d'une année. Tant que le rentier reste dans la rente, il en est payé; mais s'il veut en sortir, qu'il ne s'en prenne qu'à lui des pertes qu'il fera. Le gouvernement a montré l'intention de l'en garantir, lorsqu'il a établi une caisse destinée à racheter la rente au-dessous du pair.

Le revenu de la rente appartient donc au rentier, quelque baisse qu'elle éprouve; mais l'excédant au-dessus du pair lui appartient-il également? On ne peut en douter, puisque l'espoir de voir hausser la rente est un des motifs qui l'ont déterminé à l'acheter, et que c'est vous seul qui l'empêchez de réaliser la plus value. Un grand nombre de propriétaires actuels ont acheté à 108 ou au-dessus; en ne remboursant que le capital primitif, vous portez une grave atteinte à la propriété. Les partisans de la conversion en sont si bien convaincus que, pour dédommager les rentiers de l'excédant au-dessus du pair, ils leur offrent des annuités ou l'espérance d'un accroissement dans leur capital.

A ce compte, nous dira-t-on encore, vous sacrifiez l'État aux rentiers; vous leur donnez une gratification de 200 millions, aux dépens des contribuables. Ici est l'erreur: en donnant aux rentiers leur plus value de 8 pour 100, nous n'ôtons rien aux contribuables. La force qui l'a créée est là pour en créer une nouvelle, suffisante à la racheter et au delà; le rachat de la rente sera produit par l'accroissement de la valeur de la rente. Le crédit, qui est justice, confiance et probité, aura produit ce miracle. Montrons comment il s'opère naturellement.

Ceux qui veulent la réduction, ceux qui soutiennent que le rachat seul est juste, sont également d'accord que la tendance naturelle de la rente est la hausse, et que, si elle avait été livrée à son essor spontané, elle serait montée à 20, 30 et même 35 au-dessus du pair. Supposons maintenant que la loi déclare le rachat à 108, et que, pour l'effectuer, le gouvernement choisisse le moment où la rente se sera élevée à 120. Si, dans ce moment, il offre aux rentiers un papier à 4 pour 100, remboursable dans vingt ans, il arrivera, ou que le rentier qui se contente d'une rente de 4 pour 100, puisqu'il a dû payer 120 fr. celle dont il est propriétaire, n'hésitera pas à accepter ces nouvelles obligations, qui ne changeront absolument en rien sa situation; ou qu'il voudra sortir de la rente, et qu'aimant mieux en tirer 120 que 108, il ôtera au gouvernement l'embarras du rachat en espèces. Il n'y aura point déclassement. On ne peut nous faire le reproche que nous avons adressé à nos adversaires, et nous dire que nous faisons l'offre d'un rachat illusoire, puisque nous savons qu'il ne sera pas accepté. Il ne sera pas accepté, parce qu'on aura fait au rentier des conditions meilleures. Certaines circonstances peuvent d'ailleurs survenir, où le gouvernement jugerait convenable de racheter au-dessous de 108, et alors le rentier aurait droit au complément de cette somme. Enfin, la certitude que le rachat ne pouvait avoir lieu au-dessous de 108 a servi au maintien du crédit et à la hausse de la rente, dont le rentier a profité.

Voici quelle serait, en 1865, la situation du rentier qui ne pourrait s'en plaindre, puisqu'il l'aurait sciemment et volontairement consentie. Après avoir joui pendant six ans de sa rente 5 pour 100, et n'avoir cessé d'en jouir qu'après avoir pu la vendre à 110 ou à 120 et avoir renoncé au rachat en espèces, il se trouverait propriétaire d'un capital de 100 fr., donnant 4 fr. de rente annuelle, et qui, vu la force ascendante des obligations du gouvernement, s'élèverait à 108 et à 110 de capital. Ainsi, il n'aurait rien perdu de ce à quoi il pouvait justement prétendre. Du reste, il est très-présumable, qu'à l'époque précitée, le gouvernement n'aura point intérêt à ce que la rente soit au-dessous de 4 pour 100. On peut en voir les raisons dans nos *observations sur l'art.* 12. Un intérêt un peu élevé, lorsqu'il ne provient pas de la méfiance des capitaux, annonce une grande activité dans l'industrie, et qu'avec de l'argent on peut gagner beaucoup d'argent.

L'excédant au-dessus du pair, destiné à opérer le rachat, est valeur réelle, négociable, instrument de travail, moyen de consommation, réalisable en or[1]. Elle est même plus profitable à l'État que la rente, puisqu'elle produit sans qu'elle coûte rien; elle enrichit le créancier et le débiteur.

[1] De la *Consolidation de la Rente*, p. 7 et suiv.

On peut dire, généralement parlant, que le papier du gouvernement vaut 1/2 pour 100 plus que celui des meilleurs banquiers. L'État a pour lui sa durée, sa solvabilité, l'exactitude et la régularité de ses payements, la solidarité de tous les citoyens intéressés à respecter la justice, laquelle élève le crédit à sa plus haute puissance et produit la plus value de la rente.

Sur 60 milliards de signes monétaires, qui font en Europe tous les services de l'industrie, du commerce et de l'agriculture, quatre environ sont en numéraire. Ce capital augmente ou diminue, suivant la hausse ou la baisse de la rente.

Qu'on nous permette une hypothèse, que nous ne donnons pas comme réalisable, mais seulement comme mettant en relief nos idées. Une longue paix, des circonstances favorables, élèvent la rente de 100 à 200. Dès lors il n'y a plus de dette, puisque les 3 milliards d'accroissement la remboursent ou en payent l'intérêt.

Il en est autrement de la réduction. Elle attaque la richesse par sa base et par son sommet; elle écourte le revenu et le capital; elle est l'opération du laboureur, qui fait argent de la semence d'où doit naître la récolte.

J'ai foi à mes idées; si elles sont vraies, elles prévaudront; si elles sont fausses, elles auront le sort qu'elles méritent, et je me résignerai à leur condamnation. Pour les attaquer et les renverser, il faut montrer que l'accroissement de valeur au-dessus du pair n'est pas valeur négociable, capital circulant et productif, richesse publique et individuelle; il faut montrer, en un mot, que celui qui a un capital de 108 fr. n'est pas plus riche que celui qui n'en a qu'un de 100 fr., et qu'il est indifférent pour l'État que les individus soient riches ou pauvres. Qu'on prouve cela, et mon système est à néant. Il consiste en entier à laisser jouir le rentier de ses 5 pour 100, jusqu'à ce qu'il puisse les réaliser à 120, ce que produira infailliblement le crédit. La rente à 120 est du 4 pour 100; du 5 pour 100 est un capital de 120. Ainsi rien n'est changé dans le niveau de la fortune publique, le 4 pour 100 étant compensé par l'élévation du cinquième du capital.

Du moment que la rente est à 120, avec 5 fr., le gouvernement peut en rembourser 120 fr.; ce qui montre la différence qui existe entre la diminution de l'intérêt de l'argent causée par la réduction de la rente et la diminution de ce même intérêt, causée par la hausse de la rente. Dans le premier cas, le crédit reçoit un coup funeste, et l'annihilation de la plus value de 8 pour 100 par le remboursement au pair, détruit dans l'instant même un capital véritable, actif et réalisable de deux cents millions. Dans le second cas, la rente montant à 120 fr., il y a baisse d'un cinquième dans l'intérêt et création d'un capital véritable, actif et réalisable de six cents millions. Cet excédant est la plus précieuse des valeurs, puisqu'il est le fruit de la confiance que la France a en elle-même. La confiance produit le crédit, le crédit les capitaux, les capitaux produisent le travail, le travail produit la richesse, qui se multiplie par sa propre action, et permet le rachat qui devient nouveau moyen de richesse. Tout système financier qui ne tient pas compte de cet élément primitif de la richesse, et qui anéantit les valeurs produites par le crédit, est nécessairement faux et désastreux.

Notre principe admis, on dira que rien n'est aussi simple qu'une pareille théorie, et que, pour la trouver, il ne faut pas être sorcier en finances; j'en conviens, et c'est ce qui me fait croire de plus en plus qu'elle est vraie.

Observations sur l'art. 6.

S'il se présentait quelque obstacle un peu sérieux à la conversion de la rente, ce qui n'est pas à prévoir, cet article donne les moyens de la faciliter, en n'opérant que sur un cinquième.

Observations sur l'art. 7.

Cet article ne fait que confirmer la continuation d'un droit préexistant.

Observations sur l'art. 8.

La prudence veut que, quoi qu'il arrive, le gouvernement soit maître de l'opération et qu'il n'en dépende pas, sans néanmoins qu'il puisse s'écarter de ses engagements.

Observations sur l'art. 9.

Pour amortir une dette, il faut, avant tout, songer à ce qu'elle coûte et à ce qu'elle rapporte, et c'est une étude qui jusqu'ici n'a point été faite.

Le principe de l'amortissement doit être de ne racheter qu'avec l'excédant sur les dépenses; sans cela on ne paye que par un emprunt, auquel il faut ajouter les frais de négociation et de gestion. N'est-ce pas une chose tout à fait curieuse qu'une partie de notre dette provienne d'emprunts faits pour l'amortir?

Nous nous sommes servi, dans cet article, de l'expression *fonds de réserve*, au lieu de *caisse d'amortissement*, pour éviter une déception dans les mots, laquelle amène toujours une déception dans les choses. Il faut bien se garder néanmoins de renoncer à notre fonds de réserve annuel, qui fait face aux événements imprévus, alimente les entreprises solides et avantageuses, donne plus de liberté et d'énergie aux mouvements du gouvernement, consolide le crédit, et, par l'accroissement de production, est le meilleur mode d'amortissement.

Observations sur l'art. 10.

Mettre un impôt sur la rente, est la déprécier, nuire au crédit et perdre d'un côté ce qu'on gagne de l'autre; c'est, lorsque les emprunts surviendront, grever la propriété territoriale des exigences des bailleurs de fonds qui se rachèteront par l'intérêt élevé qu'ils demanderont des retenues qu'on aura faites sur la rente.

Observations sur l'art. 11.

Le rentier qui lira, sur son obligation, le jour où la rente sera remboursable, ne pourra se plaindre d'aucune déception. A l'époque où le gouvernement remboursera, on saura qu'il a le droit de rembourser. Ainsi, des caprices de l'arbitraire, on passera dans un système de légalité, avantage immense.

Observations sur l'art. 12.

La réduction en 4 pour 100 du 5 pour 100 de la rente produira, outre l'extinction d'un cinquième de la dette; la diminution de l'intérêt général dans le pays. Les capitaux ne trouvant plus que 4 pour 100 dans la rente, reflueront vers l'industrie et l'agriculture, et l'abondance de l'argent en abaissera le prix.

Les besoins de l'industrie, du commerce et de l'agriculture, qui ne s'alimentent qu'avec des capitaux, nos rapports pécuniaires avec les étrangers, agissent et réagissent entre eux, se balancent, se contrôlent et tendent à établir un niveau qui semble, à l'époque où nous nous trouvons, approcher de 4 pour 100. Tant que les circonstances publiques et particulières se continueront semblables, il ne faut pas porter trop bas l'intérêt de la rente. Abandonnée à sa libre ascension, elle est le meilleur thermomètre des besoins financiers du pays. L'atmosphère sociale ne changeant point d'une manière sensible, il faut la maintenir au taux indiqué; les variations dans l'intérêt de l'argent sont toujours nuisibles.

La France pourrait, par la perpétuité de la rente, se donner la stabilité que l'Angleterre tire de sa position géographique. La première, dans la nouveauté de ses institutions, doit tendre à tout ce qui les consolide, tandis que la seconde, dans la vétusté des siennes, doit tendre à tout ce qui les réforme et les rajeunit. La rente chez nous consolidée et naturalisée, serait une des plus sûres garanties de la stabilité du gouvernement de juillet. Dans les débats auxquels a donné lieu la discussion sur la loi de conversion, l'opposition anti-constitutionnelle a tiré sur les rentiers comme sur des troupes ennemies.

Dachstein, canton de Molsheim, département du Bas-Rhin, 1er mai 1838.

P. S. du 8 *mai.* La loi sur la rente qui vient d'être rendue par la chambre des députés, et qui est le résultat de l'accord politique de cinq à six opinions opposées qui ont gardé leurs anciennes convictions, aura l'heureux résultat de montrer qu'avec la *réduction*, la *conversion* d'une valeur en une valeur moindre, le *remboursement* incomplet, il est impossible de faire une bonne loi. Rien de bon ne peut naître de l'injustice.

www.ingramcontent.com/pod-product-compliance
Lightning Source LLC
LaVergne TN
LVHW010321230826
846091LV00009B/3744